La Tierra y el Sol

Bobbie Kalman y Kelley MacAulay

🌳 **Crabtree Publishing Company**

www.crabtreebooks.com

Creado por Bobbie Kalman

Para Julie y Joel Mercer
¡Los quiero taaaaaanto a los dos!

Editora en jefe
Bobbie Kalman

Equipo de redacción
Bobbie Kalman
Kelley MacAulay

Editora
Robin Johnson

Editor de originales
Michael Hodge

Investigación fotográfica
Bobbie Kalman
Crystal Sikkens

Diseño
Katherine Kantor
Samantha Crabtree (portada)

Consultor lingüístico
Dr. Carlos García, M.D., Maestro bilingüe de Ciencias,
  Estudios Sociales y Matemáticas

Coordinadora de producción
Katherine Kantor

Ilustraciones
Barbara Bedell: páginas 17, 20
Katherine Kantor: páginas 10, 14, 15, 27

Fotografías
© Dreamstime.com: página 5 (recuadro); © iStockphoto.com: página 30
  (inferior); © ShutterStock.com: portada, páginas 3, 4, 5 (excepto recuadro),
  6, 7, 8, 9 (excepto superior derecha), 10, 11, 12, 13, 16, 17, 18, 19, 20, 21, 22,
  23, 24, 25, 26, 27, 28, 29, 30 (superior), 31
Otras imágenes de Digital Stock

Traducción:
Servicios de traducción al español y de composición de textos suministrados
  por translations.com

Library and Archives Canada Cataloguing in Publication

Kalman, Bobbie, 1947-
    La tierra y el sol / Bobbie Kalman y Kelley MacAulay.

(Observar la tierra)
Includes index.
ISBN 978-0-7787-8241-4 (bound).--ISBN 978-0-7787-8258-2 (pbk.)

    1. Sun--Juvenile literature. 2. Earth--Juvenile literature.
I. MacAulay, Kelley II. Title. III. Series: Observar la tierra

QB521.5.K3318 2010   j523.7   C2009-902439-X

Library of Congress Cataloging-in-Publication Data

Kalman, Bobbie.
    [Earth and the sun. Spanish]
    La tierra y el sol / Bobbie Kalman y Kelly MacAulay.
       p. cm. -- (Observar la tierra)
    Includes index.
    ISBN 978-0-7787-8241-4 (reinforced lib. bdg. : alk. paper) -- ISBN 978-0-
7787-8258-2 (pbk. : alk. paper)
    1. Sun--Juvenile literature. 2. Earth--Juvenile literature. 3. Earth--
Rotation--Juvenile literature. I. MacAulay, Kelly. II. Title. III. Series.

QB521.5.K3518 2010
523.7--dc22
                                                            2009016812

Crabtree Publishing Company
www.crabtreebooks.com   1-800-387-7650
Copyright © **2008 CRABTREE PUBLISHING COMPANY**. Todos los derechos reservados. Se prohíbe la reproducción total o parcial de esta obra, su
almacenamiento en un sistema de recuperación o su transmisión en cualquier forma o por cualquier medio, ya sea electrónico o mecánico, incluido el fotocopiado o
grabado, sin la autorización previa por escrito de Crabtree Publishing Company. En Canadá: Agradecemos el apoyo económico del gobierno de Canadá a través del
programa *Book Publishing Industry Development Program* (Programa de desarrollo de la industria editorial, BPIDP) para nuestras actividades editoriales.

Publicado en Canadá
Crabtree Publishing
616 Welland Ave.
St. Catharines, Ontario
L2M 5V6

Publicado en los Estados Unidos
Crabtree Publishing
PMB16A
350 Fifth Ave., Suite 3308
New York, NY 10118

Publicado en el Reino Unido
Crabtree Publishing
White Cross Mills
High Town, Lancaster
LA1 4XS

Publicado en Australia
Crabtree Publishing
386 Mt. Alexander Rd.
Ascot Vale (Melbourne)
VIC 3032

Contenido

La Tierra y el Sol

El Sol ilumina la Tierra. Sin la luz solar, la Tierra sería muy oscura. El Sol también calienta la Tierra. La Tierra sería fría y helada sin el calor del Sol. Sin la luz y el calor del Sol, no habría vida en la Tierra.

Regalos del Sol

¡Nos encantan los días de sol! El Sol nos da calor y nos hace sentir bien. Nos encanta ver los hermosos colores de las flores. Nos encanta nadar en los días calurosos de verano. Nos encanta la comida. ¿Sabías que el Sol nos da todos estos regalos?

El Sol nos da los alimentos. También nos da los colores.

¿Qué es el Sol?

El Sol es una **estrella**. Una estrella es una bola de gas enorme y caliente que brilla y emite calor. El Sol es la estrella más cercana a la Tierra. ¡Pero está muy lejos! El Sol es mucho más grande que la Tierra, pero se ve pequeño porque está muy lejos.

Sol

Tierra

El Sol es una estrella mediana. Hay estrellas más grandes que el Sol. Otras son mucho más pequeñas. De noche, las estrellas parecen lucecitas blancas en el cielo.

El sistema solar

El Sol es el centro de nuestro **sistema solar**. El sistema solar está formado por el Sol, los **planetas**, las lunas y otras cosas que flotan en el espacio. El Sol no se mueve. Los planetas **orbitan** o se mueven en círculos alrededor del Sol. La Tierra es un planeta. Es el tercer planeta más cercano al Sol.

Sol

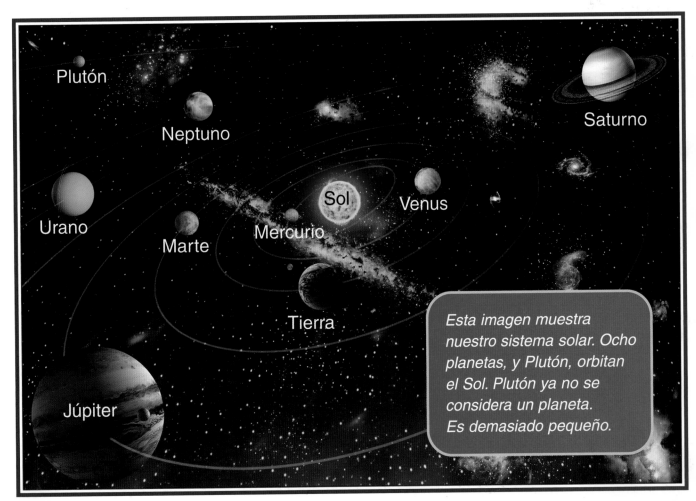

Plutón

Neptuno

Saturno

Urano

Sol

Venus

Mercurio

Marte

Júpiter

Tierra

Esta imagen muestra nuestro sistema solar. Ocho planetas, y Plutón, orbitan el Sol. Plutón ya no se considera un planeta. Es demasiado pequeño.

El día y la noche

La Tierra gira lentamente mientras viaja alrededor del Sol. Tarda un día en dar un giro completo. Durante más o menos la mitad del día, el Sol ilumina la parte de la Tierra donde vives. Cuando el Sol ilumina esa parte del mundo, es de día. Durante la otra mitad del día, el Sol no llega a esa parte de la Tierra. Cuando el Sol no llega a esa parte de la Tierra, es de noche.

El Sol ilumina esta parte de la Tierra. Aquí es de día.

El Sol no ilumina esta parte de la Tierra. Aquí es de noche.

Día, noche, día, noche

Sol

Durante el día, en el cielo se ve el Sol.

Cada día en realidad tiene una noche y un día. La noche sigue al día y el día sigue a la noche. Cuando algo se repite se dice que hay un **patrón**. ¿Cuántas veces se repite el patrón noche-día en una semana?

Luna

Durante la noche, en el cielo se ve la Luna.

Durante el día, hay mucha luz. El Sol ilumina la Tierra.

Por la noche, el Sol no ilumina la Tierra. Hay que encender las luces para poder ver.

Calor y frío

No todas las partes de la Tierra reciben igual cantidad de luz solar. Las zonas cerca del **Polo Norte** y del **Polo Sur** nunca reciben mucha luz solar. El Polo Norte está en la parte superior de la Tierra. El Polo Sur está en la parte inferior de la Tierra. En estas partes siempre hace frío.

Polo Norte

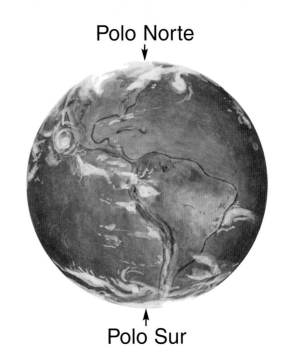

Polo Sur

En el Polo Norte hace frío y nieva. Allí viven los osos polares.

El Polo Sur está cubierto por hielo y nieve. Allí viven los pingüinos.

Calurosa y soleada

La parte central de la Tierra se llama **ecuador**. El ecuador recibe mucha luz solar todo el año. La zona cerca del ecuador es siempre muy calurosa y soleada.

ecuador

Cuando el Sol sale y se **pone** *está a poca altura en el cielo. Esta imagen muestra un atardecer. El Sol pronto se irá y será de noche.*

Las cuatro estaciones

Entre el Polo Norte y el ecuador hay una zona grande de la Tierra. También hay una zona grande entre el Polo Sur y el ecuador. Estas zonas no son siempre cálidas o frías. Tienen cuatro **estaciones**. Las estaciones son: primavera, verano, otoño e invierno. Una estación es un período de tiempo que tiene un cierto clima y **temperatura**. La temperatura mide qué tan caliente o frío está algo.

En primavera, el clima es cálido y lluvioso. Florecen las plantas y nacen las crías de los animales.

En otoño, el clima es fresco y nublado. Las hojas se caen de los árboles. ¡Se acerca el invierno!

En verano, hace calor y hay sol.
¡Los niños se divierten nadando!

En invierno hace frío. Los niños usan ropa abrigada. En algunos lugares, juegan en la nieve.

Un planeta inclinado

La Tierra está **inclinada**. Cuando algo está inclinado, no está derecho. Cuando la Tierra viaja alrededor del Sol, distintas partes del planeta se inclinan hacia el Sol en distintos momentos. La inclinación de la Tierra hace que las estaciones cambien.

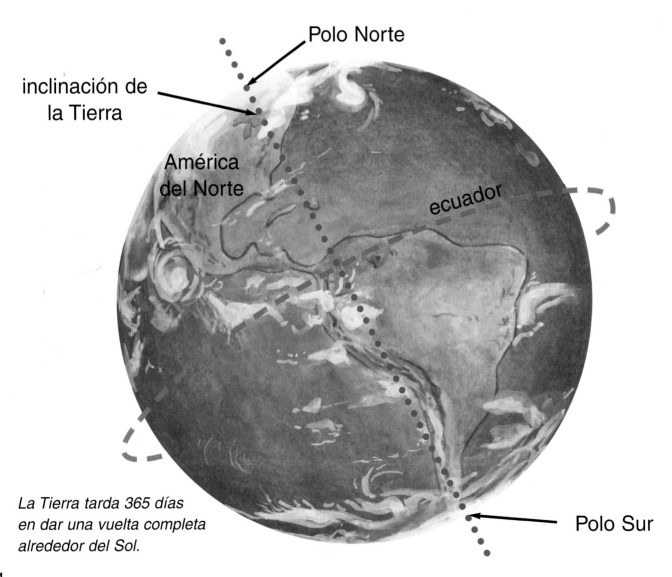

Polo Norte

inclinación de
la Tierra

América
del Norte

ecuador

Polo Sur

La Tierra tarda 365 días en dar una vuelta completa alrededor del Sol.

Más o menos luz y calor

Cada estación recibe una cantidad distinta de luz solar. También recibe una cantidad distinta de calor del Sol. La luz y el calor del Sol cambian las temperaturas de las estaciones. Este diagrama muestra las estaciones en América del Norte.

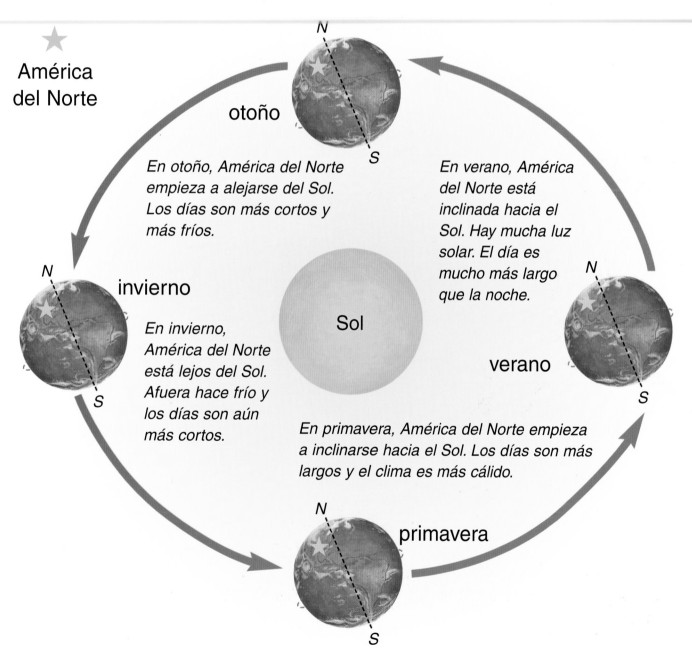

América del Norte

otoño

En otoño, América del Norte empieza a alejarse del Sol. Los días son más cortos y más fríos.

En verano, América del Norte está inclinada hacia el Sol. Hay mucha luz solar. El día es mucho más largo que la noche.

invierno

En invierno, América del Norte está lejos del Sol. Afuera hace frío y los días son aún más cortos.

Sol

verano

En primavera, América del Norte empieza a inclinarse hacia el Sol. Los días son más largos y el clima es más cálido.

primavera

Alimento de la luz solar

Muchas plantas crecen en primavera y verano. El clima es cálido y hay mucha luz solar. Las plantas usan la luz solar para producir su propio alimento. El proceso de producir alimento usando la luz solar se llama **fotosíntesis**. Las plantas absorben la luz solar a través de un color verde en las hojas y los tallos. Este color verde se llama **clorofila**.

La clorofila les da a las hojas su color verde.

Aire y agua

Las plantas usan aire y
agua para producir alimento.
Toman aire por unos agujeros
diminutos en las hojas. Toman
agua por las **raíces**. Las raíces
son las partes subterráneas
de las plantas.

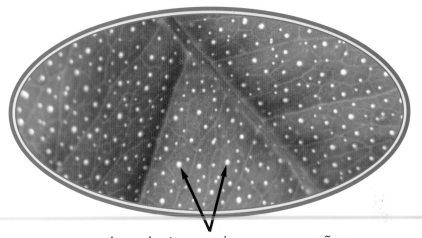

Las plantas respiran por pequeños
agujeros en las hojas llamados **estomas**.

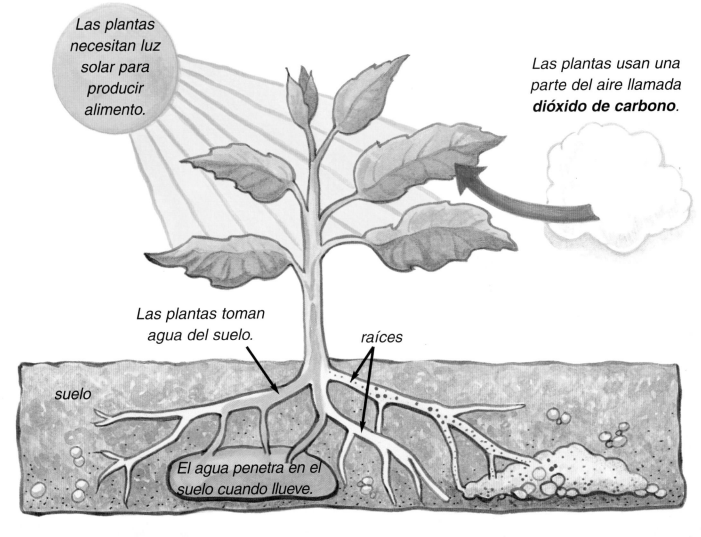

Las plantas
necesitan luz
solar para
producir
alimento.

Las plantas usan una
parte del aire llamada
dióxido de carbono.

Las plantas toman
agua del suelo.

raíces

suelo

El agua penetra en el
suelo cuando llueve.

Menos luz solar

Las plantas se ven distintas en cada estación. En primavera y verano, son de color verde brillante. En otoño, las hojas son rojas, anaranjadas o amarillas. ¿Por qué las hojas cambian de color?

El verde produce alimento

Las hojas de los árboles cambian de color debido al Sol. En primavera y verano, el Sol brilla muchas horas por día. Los árboles pueden producir mucho alimento en sus hojas. Usan la clorofila o color verde para producir alimento.

El verde se va

En otoño, hay menos horas de luz solar por día. Los árboles no pueden producir tanto alimento. Sin alimento, el color verde de las hojas desaparece. Las hojas se vuelven rojas y amarillas.

El color verde de esta hoja se está desvaneciendo. Se empiezan a ver otros colores.

Sin alimento, las hojas mueren al final del otoño. Cuando mueren, se caen de los árboles. Casi ningún árbol tiene hojas en invierno.

¿Dormir o migrar?

La vida de los animales también cambia cuando hay menos luz solar. En invierno, los días son cortos y oscuros. Afuera hace frío. Algunos animales no pueden mantenerse calientes. Duermen la mayor parte del invierno. Antes de irse a dormir, juntan alimento. Algunos animales también juntan pastos blandos y hojas para hacer camas abrigadas.

Esta ardilla dormirá la mayor parte del invierno. Antes de irse a dormir, juntará alimento y lo guardará en su casa o muy cerca. Durante el invierno, se despertará y comerá un poco.

Lugares más cálidos

Algunos animales no duermen durante el invierno. **Migran** o viajan a lugares más cálidos donde hay más sol. Muchas aves viajan hacia el sur en otoño. Regresan en primavera.

Vuelan a lugares más cálidos.

Días más cortos

La luz solar les indica a los animales cuándo prepararse para dormir o dejar sus hogares. En otoño, los días empiezan a ser más cortos y más fríos. Esto les indica a los animales que se acerca el invierno.

Vuelan a casa.

Los gansos canadienses se van en invierno. Vuelven a casa en primavera para tener crías.

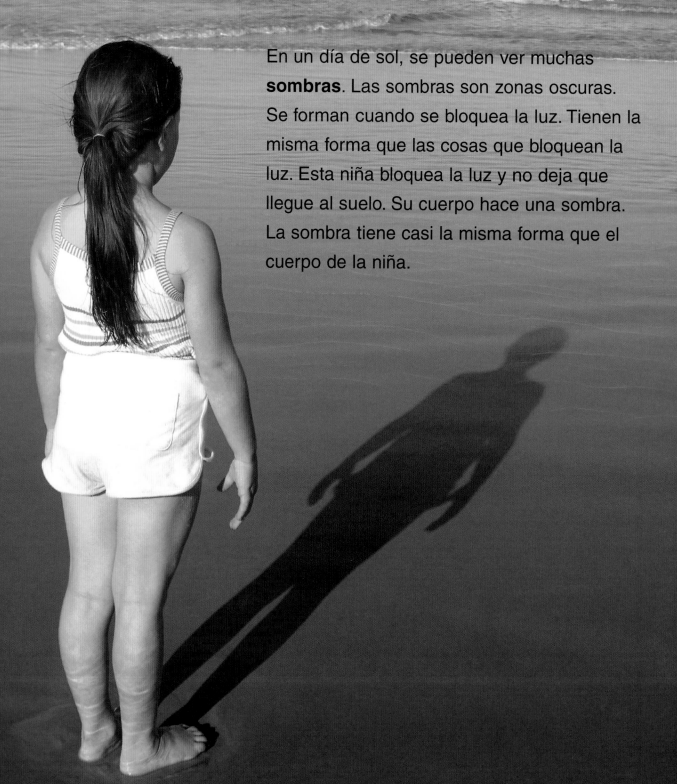

¿Qué son las sombras?

En un día de sol, se pueden ver muchas **sombras**. Las sombras son zonas oscuras. Se forman cuando se bloquea la luz. Tienen la misma forma que las cosas que bloquean la luz. Esta niña bloquea la luz y no deja que llegue al suelo. Su cuerpo hace una sombra. La sombra tiene casi la misma forma que el cuerpo de la niña.

Sombras que cambian

La Tierra gira despacio cada día y el Sol se ve en distintos lugares del cielo. Al mediodía, el Sol está justo arriba de la cabeza. Por la mañana y por la tarde, el Sol parece estar más abajo en el cielo. A medida que la posición del Sol cambia, también cambian las sombras.

(derecha) Cuando el Sol está alto, hace sombras cortas.

Cuando el Sol está más bajo, las sombras son mucho más largas. La sombra del niño y la bicicleta es más grande que ellos dos.

Espejito, espejito

Los espejos, las ventanas y otros objetos brillantes tienen **superficies** lisas. Cuando la luz solar da sobre un objeto cercano a una superficie brillante, no crea una sombra. Crea un **reflejo**. Un reflejo es una imagen igual al objeto cercano a la superficie brillante. Un reflejo en un espejo se ve igual que el objeto que está cerca del espejo.

El rostro de esta niña está junto al espejo. ¿Cuál es la niña y cuál es su reflejo? ¿Cómo lo sabes?

El agua también crea reflejos. ¿Cuál es la diferencia entre el reflejo de los edificios y el reflejo de la niña que salta sobre el agua?

¿Cómo se vería el reflejo de la niña si el agua estuviera quieta?

No hay suficiente luz solar para ver la cara de este niño, el color de la ropa ni su reflejo. Solo se ve la **silueta** del niño. Una silueta es una forma oscura y un contorno de una persona u objeto.

25

Agua que cambia

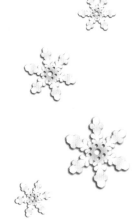

El agua siempre está cambiando. Cambia cuando el Sol la calienta y la enfría. El agua puede ser **líquida**, **sólida** o **gaseosa**. El agua líquida no tiene forma. Fluye. El hielo y la nieve son agua sólida. Sí tienen forma. El vapor es agua que está en el aire. Flota sobre el suelo. Está en todo el aire que nos rodea.

sólida

líquida

El agua líquida fluye en océanos, ríos y lagos. Cuando se enfría mucho, se congela y se hace hielo. El hielo es agua sólida. Cuando el Sol lo calienta, el hielo se derrite y se vuelve líquido de nuevo. ¿Este oso polar está parado en agua sólida o líquida?

Vapor de agua

Por la noche no hay luz solar. El agua de los océanos y lagos se enfría. Cuando el Sol sale por la mañana, su calor calienta la parte superior del agua. El agua calentada se evapora y se vuelve parte del aire. El viento eleva el vapor del agua hacia el cielo y se forman nubes.

En las nubes se forman gotas.

nubes

vapor

líquido

*El vapor de agua que está cerca del suelo se llama **neblina** o **niebla**. La niebla es más espesa que la neblina. Es difícil ver a través de ella.*

Los colores de la luz solar

La luz solar nos da colores. Los colores del Sol se ven en los **arcos iris**. Los arcos iris son curvas de luz colorida que se ven en el cielo. Se forman cuando la luz pasa a través de diminutas gotas de agua en el aire. Se pueden ver arcos iris en el cielo sobre el agua. También se pueden ver sobre la tierra después de llover.

Los colores del arco iris

En un arco iris hay siete colores. Siempre están en el mismo orden. Los colores son rojo, anaranjado, amarillo, verde, azul, **índigo** y violeta. El índigo es un color azul violáceo oscuro. Estos colores forman todos los demás colores.

El Sol nos da todos los hermosos colores de la Tierra. ¿Qué colores ves en la corona de flores de la niña? ¿Qué colores del arco iris faltan?

La energía solar

antílope

planta

Toda la **energía** proviene del Sol. Es la fuerza que los seres vivos necesitan para moverse, crecer y cambiar. Las plantas usan la energía para producir alimento. La energía del Sol se vuelve parte de las plantas. Algunos animales obtienen la energía del Sol al comer plantas. Los animales que comen principalmente plantas son **herbívoros**.

Una cadena alimentaria

Algunos animales se comen a otros animales. Los animales que comen a otros animales son **carnívoros**. Los leones son carnívoros. Comen antílopes. Los antílopes comen plantas. Obtienen la energía del Sol de las plantas que comen. Los leones obtienen la energía del Sol cuando comen antílopes. Los dos animales obtienen la energía de lo que comen. Cuando la energía del Sol pasa de una planta a un animal y después a otro animal, hay una **cadena alimentaria**.

león

antílope

¿Cómo obtenemos energía?

Las personas también obtienen la energía del Sol de la comida. La mayoría de las personas son **omnívoras**. Los omnívoros comen plantas y carne. La carne viene de los animales. La carne, la leche y los huevos también vienen de los animales. Las verduras y frutas son partes de las plantas. Los alimentos como fideos, arroz y pan vienen de **cereales**. Los cereales son las semillas de plantas como el trigo. Nombra tres alimentos de plantas que comen estos niños.

Esta hamburguesa tiene dos alimentos de animales y tres de plantas.
¿Cuáles son los alimentos de animales?
¿Cuáles son los alimentos de plantas?

Palabras para saber

cadena alimentaria (la) Modelo de comer y servir de alimento; por ejemplo, una planta es alimento para un antílope que luego es alimento para un león

carnívoro Animal que come a otros animales

cereal (el) Semilla de una planta como el trigo

clorofila (la) Color verde de las plantas que absorbe la luz del Sol y las ayuda a producir alimento

energía (la) Fuerza que los seres vivos obtienen del alimento y que los ayuda a moverse y crecer

fotosíntesis (la) Proceso en el que las plantas usan luz solar para producir alimento a partir del aire y el agua

herbívoro Animal que come principalmente plantas

migrar Viajar de un lugar a otro en busca de un clima más cálido

neblina (la) Vapor de agua fino que está cerca del suelo

niebla (la) Vapor de agua denso que está cerca del suelo

omnívoro Persona o animal que come plantas y animales

planeta (el) Objeto grande que se mueve en círculos alrededor de una estrella y no tiene luz propia

reflejo (el) Imagen que se ve en una superficie brillante y que se ve igual a un objeto cercano

sistema solar (el) Los planetas, sus lunas y otros objetos que se mueven alrededor del Sol

sombra (la) Zona oscura que se forma cuando se bloquea la luz

superficie (la) Capa superior o externa de un objeto

Índice

Impreso en China — CT